Cartoons über WIEN

Holzbaum

Impressum

Clemens Ettenauer (Hg.): Cartoons über Wien
1. Auflage 2014
ISBN 978-3-902980-02-1

Covergestaltung, Layout: KoCo, www.koco.at
Druck: Finidr, Teschen

www.holzbaumverlag.at

Grinsing in Grinzing

DER TOD MUSS EIN WIENER SEIN!
I BIN AUS ST. PÖLTEN!

ICH ZIEHE DEN KLON VON ADOLF HITLER GROSS- DIESMAL WIRD ER MALER
ARI

UND DANN FÜHLE ICH MICH IMMER SO ... MIST, IHRE ZEIT IST UM
ARI

BERNARDO BELLOTTO, GEN. CANALETTO: ANSICHT WIENS MIT BIRGIT SARATA, JEANINE SCHILLER UND HARALD SERAFIN

AUFGRUND DER HOHEN
VERSCHULDUNG DER
STADT WIEN IST MAN
DAZU ÜBERGEGANGEN
KUNSTWERKE ZU
VERKAUFEN (SO
Z.B. DIE REITER=
STANDBILDER
AM HELDEN=
PLATZ UND DAS
MARIA-THERESIEN
DENKMAL) UND
ERSATZWEISE
ÄHNLICHES MIT
DEN AKTUELLEN
SOUVERÄNEN
AUFZUSTELLEN
B. Kobel 14

PENIS NEID!

Ich wohne auf ärztliche Anordnung in Wien, um meine Viennophobie zu desensibilisieren
Du Trottel, das ist bei allen so!

Dann müssen wir noch unbedingt ins Hundertwasserbordell

Nicht zuletzt wird Wien um seine Hochkultur beneidet.

Die Einführung der Schulpflicht war nur eine Frage der Zeit.

NAZI-HIRN
total
blem blem

Wien
EINEN PARKPLATZ SUCHEN SIE, UND DA KOMMEN SIE EXTRA AUS BERLIN?
B-AA789

BRATWÜRSTE UND STEAKS HAB' ICH. NUR DIE WIENER HABEN SCHWIERIGKEITEN GEMACHT.

Wie schön!!

Wien zu Weihnachten:

Riesenrad mit Glaskugeln

Stephansdom mit Kerze

Lipizzaner mit Reisig

Donauturm mit Tannenbaum

RÜLPS
"DER TOD, DAS MUSS
EIN WIENER SEIN!"
(GEORG KREISLER)
JOK

LEBST DU NOCH ODER ANALYSIERST DU SCHON?
SCHRAUBÄ
MUTTA
FREUD
JOK

MOZART LEBT

SISSI
FRNZL
JOK

WIEN VOR 13,8 MILLIARDEN JAHREN

ENDLICH: MICHAEL HÄUPL
ERÖFFNET NEUES RIESENRAD

DIE MARIAHILFERSTRASSE IM JAHR 2050
Irgendwann gab es kein Zurück mehr...

Herbert Paspischil aus Floridsdorf genießt seinen Karibik-Urlaub
Google maps
SUNBLOCKER

HOHE GRUNDSTÜCKSPREISE UND DIE ALTERSPYRAMIDE HABEN UNS ZU DIESEM SENIORENHEIM INSPIRIERT
Erik Liebermann

BEI UNS HAT NUN MAL DAS HISTORISCHE STADTBILD PRIORITÄT

I ♥
WIEN

HABEN SIE'S GEWUSST?
TIEF UNTER DER STADT LAUERT, GUT KONSERVIERT IM WIENER PERMAFROST, EIN RIESIGES TÜRKISCHES HEER, WELCHES NUR DARAUF WARTET, DURCH DEN KLIMAWANDEL AUFGETAUT ZU WERDEN, DIE STADT IM HANDSTREICH ZU EROBERN UND IHRE BEWOHNER ZU UNTERJOCHEN.
NUR DIE ALLERWENIGSTEN HABEN KENNTNIS DAVON.
HUSE

HABEN SIE'S GEWUSST?

URSPRÜNGLICH SOLLTE DAS PRATER RIESENRAD VON EINEM RIESENHAMSTER (CRICETO GIGANTEUS) ANGETRIEBEN WERDEN. DOCH NACH MEHREREN ZWISCHENFÄLLEN IM TESTLAUF WURDE DAS TIER ZU WIENER WÜRSTCHEN VERARBEITET. AN DIESEN BESTÄNDEN LABEN SICH DIE WIENER NOCH HEUTE.

HABEN SIE'S GEWUSST?

WÜRDE MAN UNTER DER STADT WIEN EINEN TUNNEL SENKRECHT DURCH DEN GLOBUS TREIBEN, MÜSSTE MAN JEDE MENGE ERDREICH BEISEITE SCHAFFEN.

Hundertwasser-flaschen, Klimtkipferl, Röstleber à la Qualtinger, irgendwas fehlt noch, Herr Magister!
Heller! Es ist einfach viel zu dunkel, Frau Ministerialrat!
Cafe unterm Zentralfriedhof
BRAUNER AUS BRAUNAU
POWER SCHRAMMELN
PALAT-SCHINKEN-BURGER
HEURIGER TO GO
Wiener Schnitzel aus der K- und K-Zeit mit Erdäpfel und Paradeiser 35.99
Johann Mayr

WAS FÜHRT SIE ZU MIR?
MEINE SCHMUTZIGEN GEDANKEN.
LA RAZZIA

Wiener Walzer
LA RAZZIA

Wiener Wurstelprater
LA RAZZIA

WIEN-WIEN-SITUATION

Er will nur Killen.
Matrattel

Geh in Oasch, Huankind!!*)
börps
FPÖ
WIEN ENERGIE
How Lovely!! A typical example of the famous „Wiener Schmäh"!
Matrattel
*) „walk in the asshole, child of a prostitute"

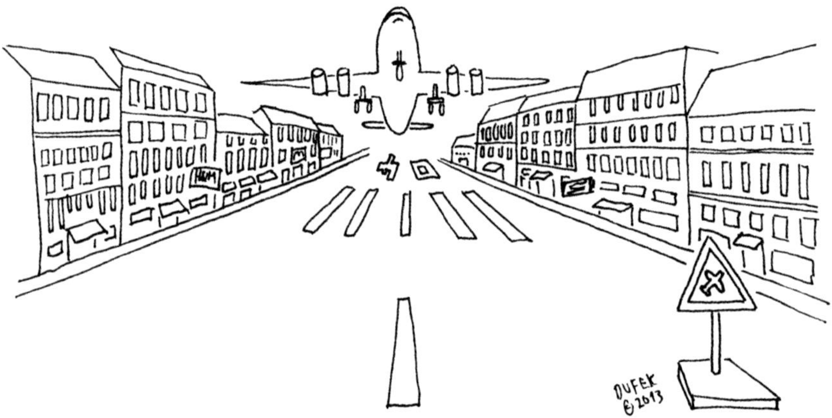

Ein neuer Lösungsansatz für die Mariahilferstraße ohne Autos, ohne Radfahrer, ohne Fußgänger und ohne Bus sorgt trotzdem wieder für Aufregung.

Herzliche Urlaubsgrüße aus Wien!
Mir geht…
☐ es gut.
☐ hier alles zu gach.
☐ der Feitel im Sack auf.
Ich kenne schon…
☐ den bladen Wirten seine Oide.
☐ den Anserschmäh.
☐ die Kieberer.
Fotzen sind hier…
☐ nicht was du denkst.
☐ Putzlappen.
☐ Ohrfeigen.
DUFEK ©2014
Ich war schon…
☐ in Schönbrunn.
☐ beim Würschtelstand.
☐ im Orsch daham.
Hier bin ich…
☐ ein Hallodri.
☐ ein Zniachtl.
☐ der Deschek.
Wien ist…
☐ voll mit Suderanten!
☐ sowas von schirch!
☐ echt leiwand!
☒ Kraxn machen, bittschön!

Die Wienbergschnecke.

Wienerisch für Afrikaner:

DUFEK ©2013

jammern, sich pausenlos beschweren	→	Sudan
keiner, niemand	→	Ghana
bedauerlich, betrüblich	→	Tschad
ich kenne das auch	→	Kenia

Der Nachfahre

SIGMUND? HALLO, HIER IST MAMA. KOMMST DU AM WOCHENENDE ZUM ESSEN? WAS? ICH BITTE DICH, SEI NICHT ALBERN! ICH HAB DIR NOCH NIE APHRODISIAKUM INS ESSEN GEMISCHT...

ICH MÖCHTE MICH NUR KURZ AUFWÄRMEN
VERSUCHEN SIE'S MAL IM KREMATORIUM!

SIND SIE
DER HERR MIT DER
SACHER-MASOCH-TORTE?

ICH EMPFEHLE EINEN KÜNSTLICHEN DARMAUSGANG. DA IST DAS SACKERL FÜR'S GACKERL DIREKT AM DACKERL.

GRAB DES WIENER TRINKERS
SPERR-
STUND
IS !
©Ottitsch

Schwalme '14

Schmäh!
Wiener Schaf

DIE TÜRKEN VOR WIEN

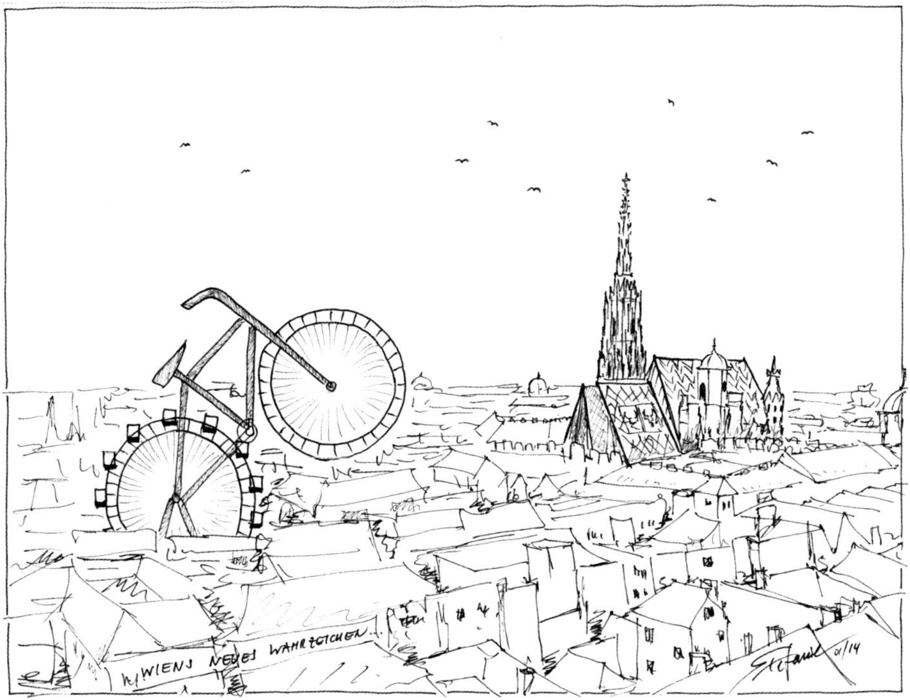
WIENS NEUES WAHRZEICHEN...
Stefanie 01/14

GHETTO DANCE - NEW YORK
TEDDY
GHETTO DANCE - WIEN
TEDDY
© Teddy Tietz '14

©Teddy Tietz '13
LANGE VOR DEN OSMANEN STANDEN 1513 DIE OTTOMANEN VOR WIEN

Ein Kaffeerand an der Kaffeehauswand

Erlebnisgastronomie in Wien

Spielen Sie doch bitte nau einmoi dee oide Oarschficker-melodie!
MOCK

Woran is'n ia Mann gstorbn, heast?
Was weiß i, dee Leite redn vue!
MOCK

Die Cartoonisten

Andreas Prüstel

Geboren 1951 in Leipzig. Seit 1985 freiberuflich als Collagist/Cartoonist und Herausgeber in Berlin tätig. Erste Presseveröffentlichung 1990. Veröffentlichungen derzeit hauptsächlich in Eulenspiegel, taz, Sächsische Zeitung, Hamburger Abendblatt …

Ari Plikat

Jahrgang 1958, geboren in Lüdenscheid. Ausbildung zum Grafiker in Hagen, Studium Visuelle Kommunikation in Leeds und Dortmund, wo seitdem freiberuflich Illustrationen, Cartoons und komische Bilder und Drucke entstehen. Cartoons erscheinen z.B. in Titanic, taz, Stern, Eulenspiegel, zitty, pardon, Italien, FAZ, Häuptling Eigener Herd, Raben-Kalender, Spiegel Online. Zuletzt erschienen: »Ich rieche Angstschweiß« (Lappan)

Benedikt Kobel

1960 in Wien geboren, wo er auch lebt. Universität für Musik und Darstellende Kunst. Solist der Wiener Staatsoper und Volksoper seit 1987. Landschaftsansichten auf Leinwand und Tuschezeichnungen, veröffentlicht in Die Presse, Die Bühne, Millennium Blatt, Johanniter, Musenblätter. Ausstellungen: Palais Esterhazy, Amtshaus Hietzing, Galerie der Komischen Künste, Millennium, Wiener Staatsoper. Publikation: »Unterm Strich – Zur Schwierigkeit des Seins« (Ueberreuter).
www.benediktkobel.at

Bernd Ertl

1971 in einem Ort namens Wagna geboren. Wagna liegt in der Südsteiermark, sollten Sie den Namen zum ersten Mal hören. Aufgewachsen in Gamlitz (das liegt gleich neben Wagna). Seine Ausbildung zum Grafiker absolvierte er an der »Graphischen« in Wien und der Kingston University in London. Empfehlenswert ist ein Besuch seiner Website:
www.ausgezeichnet.com

Bernd Zeller

Geboren 1966, seit 1993 Zeichner und Karikaturist, u.a. für Die Welt, Süddeutsche Zeitung, Eulenspiegel und Focus. Parallel schreibt er seit 1994 als Gag-Autor für Late-Night-Shows, insbesondere für die Harald Schmidt-Show. 1999 folgte ein Intermezzo als Eulenspiegel-Redakteur, 2000 war er Titanic-Redakteur. Ausstellungen seiner Werke fanden im Thüringer Landtag und im Greizer Satirikum statt. Mehrere Ausstellungsbeteiligungen folgten (z.B. Caricatura Kassel). Autor zahlreicher Bücher.

Bruno Haberzettl

Geboren 1965 in Horn in Niederösterreich. Seit 1990 als freier Zeichner und Illustrator tätig. Seit 1995 wöchentliche Karikatur am Sonntag in der Kronen Zeitung. Zuletzt erschienen: »Brunos Jagdfieber« (Ueberreuter).

Christian Habicht

1962 in Jena geboren. Seit 2006 freiberuflich als Illustrator und Cartoonist tätig, zeichnet der Vater von zwei Töchtern Cartoons für verschiedene Zeitungen und Magazine. Neben zahlreichen Hausaufgabenheften gestaltet er auch Bastelblöcke, Ausmalhefte, Stickerhefte, Puzzlebücher sowie Schultüten. 2009 gewann er den Ilse Bähnert Preis der Sächsischen Zeitung und 2012 den Publikumspreis bei der Cartoonair. Mehr von Christian Habicht gibt es auf: www.christian-habicht.de

Clemens Haipl

Geboren 1969 in Wien. Seit der Gründung des Radiosenders FM4 dort Autor und Programmgestalter (u.a. Hauptprojektleiter beim legendären Projekt X). War Autor bei VIVA, ZDF, ARTE, ORF (Tracks, Monte Video, Sendung ohne Namen etc.), ist Kolumnist, Musiker (Heirstyle, Depeche Ambros) und Produzent (Bruckmayr).

Daniel Jokesch

Geboren 1973 in Salzburg, lebt und arbeitet in Wien als Lektor, Autor und Karikaturist (Tiroler Tageszeitung, Wiener Zeitung). 2012 erschien sein satirisches Kinderbuch »Buwockl – Der Kobold mit zu schönem Haar«, 2013 die fiktive Biografie »Otto Wanz – Ein Leben für und gegen das Telefonbuch«.

Elisabeth Semrad

Geboren 1984, aufgewachsen in Wolkersdorf im Weinviertel. Lebt in Wien. Journalismus-Studium an der FH Joanneum Graz. Schrieb für News und Geo Saison. Seit 2010 Reporterin in diversen ORF-Redaktionen (ZiB Magazin, Zeit im Bild, Ö1, FM4). Spielt in ihrer Freizeit Theater, inszeniert Bühnenstücke und zeichnet seit kurzem Cartoons.

Erik Liebermann

Geboren 1942 in München, lebt in Steingaden/Allgäu. Absolvent der Hochschule für Gestaltung in Ulm als Industrie-Designer. 1969 erste Cartoon-Veröffentlichungen, zeichnet seit 1975 hauptberuflich für Zeitungen, Zeitschriften, Buchverlage, Behörden, Verbände und Firmen, jährlich mehrere Einzelausstellungen.

Gerald Mayerhofer

Herr Mayerhofer wurde geboren, studierte anschließend an der Hochschule für angewandte Kunst in Wien und an der Cooper Union in New York, wo er auch lange Zeit lebte. Er veröffentlichte dort unter anderem in der New York Times, bei Penthouse und Cosmopolitan. 2005 bekam er in New York den 1. Preis beim United Nations Political Cartoon Award verliehen. Auch kein Bemmerl. In Österreich arbeitete er schon für die Presse, Österreich und die Wiener Zeitung.
www.geraldmayerhofer.com

HUSE

Wurde 1976 in Bremen geboren und zeichnet gern Komisches. Er wohnt in Freiburg im Breisgau und sagt abends Moin.
Hobbies: Kurzbiographien.
www.flachwissen.blogspot.de

Johann Mayr

Geboren 1956 in München, arbeitete längere Zeit als Gartenarchitekt, Naturschutzbeauftragter und Stadtplaner. Noch als solcher begann er nebenbei für Verlage und Redaktionen zu arbeiten, bis er sich 1990 als Cartoonist selbstständig machen konnte. Eine Zeit lang

Zeichner einer kritischen Fernsehserie im BR. Inzwischen über hundert verschiedene Cartoonbücher. Lebt noch in Bayern aber bald in München.

La Razzia

Wuchs als Doris Schamp in den zwei Weltstädten Bramberg und Oberpullendorf auf. Sie ist im seriösen Leben Kunstlehrerin und durfte bereits für Red Bull, Cartoon Network und den Falter kreativ sein. Als bekennende Windsurfsüchtige und großer Kalifornien-Fan ist sie gerne und viel unterwegs. Im Mai 2013 gewann sie den 7. Internationalen Cartoon-Wettbewerb in Aachen zum Thema Money must be funny. Bei Holzbaum erschienen: »Trotzphase«.
www.dorisschamp.at
www.larazzia.at.

Markus Grolik

Wurde 1965 in München geboren. Seit 1995 ist er als freier Zeichner und Autor für renommierte Verlage tätig. Für seine Arbeiten wurde er auf der Papkinada in Polen, dem Cartoonfestival Knokke Heist in Belgien und bereits zweimal auf dem Comicsalon Erlangen ausgezeichnet. Cartoons von Markus Grolik erscheinen auf Spam (Spiegel Online), im Eulenspiegel und in diversen Cartoon-Samplern.

Matrattel

Teilnahme an zahlreichen Ausstellungen (gelogen) und Träger zahlreicher internationaler Cartoonpreise (nicht wahr), wie etwa dem Bol d'Or de la Comique 2006 (ausgedacht), dem Very Important Cartoonist Oscar 2007 (stimmt nicht), sowie dem Most Sexiest Cartoonist Alive Award 2008, 2009, 2010, 2011, 2012, 2013, 2014 (Preis für 2015 bereits angefragt; alles komplett frei erfunden). In seiner Freizeit interessiert er sich für Humor und macht gerne ein ernstzunehmendes Gesicht (teils richtig).

Michael Dufek

Geboren 1971 in Wien. Völlig unbekannter Cartoonist, obwohl er schon seit der Schulzeit Cartoons zeichnet. Das mag daran liegen, dass er früher nur Zeit für einen Cartoon pro Jahr hatte und erst seit drei Jahren etwas öfters zum Zeichenstift greift. Durch die Teilnahme an zwei Ausstellungen in der Galerie der Komischen Künste (»Claustrophobia« und »Cartoons über Kunst«) hat sich die Zahl der Groupies zwar verdoppelt, ist aber absolut gesehen immer noch nicht sehr hoch. Macht aber nichts, das wird vielleicht noch.

Miriam Wurster

In Hamburg geboren, wuchs auf der schwäbischen Alb auf, studierte an der Hochschule für Künste Bremen, arbeitet als Cartoonistin z.B. für Spiegel Online (Spam), Nebelspalter, Titanic und im Cartoonduo mutterwitz mit Bettina Bexte für den Weserkurier, die Frauenmagazine Welt der Frau, Für Sie, Sonja und Wirtschaft in Bremen.

Oliver Ottitsch

Geboren 1983 in Graz. Lebt, studiert und zeichnet Cartoons in Wien. Veröffentlichungen im Stern, Nebelspalter, Eulenspiegel und weiteren artverwand-

ten Druckwerken. Seit 2012 Beteiligung an Cartoonbänden und Ausstellungen im deutschsprachigen Raum. 2013 gewann er den Karikaturenpreis Pas de deux in Paris und den Cartoonpreis der Deutschen Mathematikervereinigung in Berlin. Bei Holzbaum erschienen: »Kopf hoch!«, »Noahs Fleischwaren – Cartoons zum Tier&Wir«.
www.oliverottitsch.com

Reiner Schwalme

Geboren 1937 in Liegnitz, Studium der Gebrauchsgrafik in Berlin, Diplomdesigner, seit 1966 freiberuflich, lebt in Groß Wasserburg, veröffentlicht in Eulenspiegel, Tagesspiegel, Sächsische Zeitung u.a.m.
www.schwalme.de

Rudi Hurzlmeier

Geb. 1952, lebt in München. Er studierte autodidaktisch Komische Kunst und arbeitet heute als Zeichner, Maler, Objektkünstler und Autor. Er ist ständiger Mitarbeiter des Satiremagazins Titanic und der Süddeutschen Zeitung. Er veröffentlichte bislang über 40 Bücher. 2004 erhielt er den Deutschen Karikaturenpreis in Silber und 2010 in Gold; 2005 den Sondermann Preis für Komische Kunst. 2008 und 2010 leitete er die Sommerakademie für Komische Kunst in Kassel.

Stefanie Grüssl

Wurde 1960 in Graz geboren, lebhaft in Wien, seit 1999 verheiratet. Erfahrung mit Keramik und Ofenbau und jede Menge Zeichen-, Fotografie- und Malunterricht in der Kunstgewerbeschule Graz. Studium Produktgestaltung an der Universität für angewandte Kunst Wien, 1994 Sponsion. Zahlreiche Ausstellungen im In- und Ausland ab 1975. Publikationen u.a. im Sterz, Wiener Journal, Augustin, in diversen Festschriften, Ausstellungkatalogen und Sonderdrucken.
www.stefanie-kunst.at

Teddy Tietz

Dabei handelt es sich um das Cartoonistenduo »Teddy« Reich und Carsten Tietz, die sich die Arbeit des Gagschreibens und des Zeichnens redlich teilen. Die absurden Situationen der Cartoons geben nur leicht geänderte Blickwinkel ihres realen Lebens wieder. Die Cartoons wurden in verschiedensten Ausstellungen (Deutscher Karikaturenpreis, Kunst- und Kulturzentrum Monschau etc.) gezeigt, in Büchern und Ausstellungen veröffentlicht und wöchentlich bei Lehrer online präsentiert.
www.teddytietz.de

Teja Fischer

Geboren 1976 in Karlsruhe, lebt als Gründer, Inhaber und alleiniger Fan der Seite »Kleines dickes scheues Reh« in Hamburg, und möchte an dieser Stelle recht herzlich Arnold Hau grüßen.
www.kdsr.de

Volker Kischkel (MOCK)

Geboren in Lobberich, Niederrhein. Studium der Freien Kunst an der Hochschule für Bildende Künste in Braunschweig. Veröffentlichungen u.a. in Cicero, Eulenspiegel, Titanic, Nebelspalter, Focus, Spiegel Online und Stern. Zahlreiche Einzel- und Gruppenausstellungen.

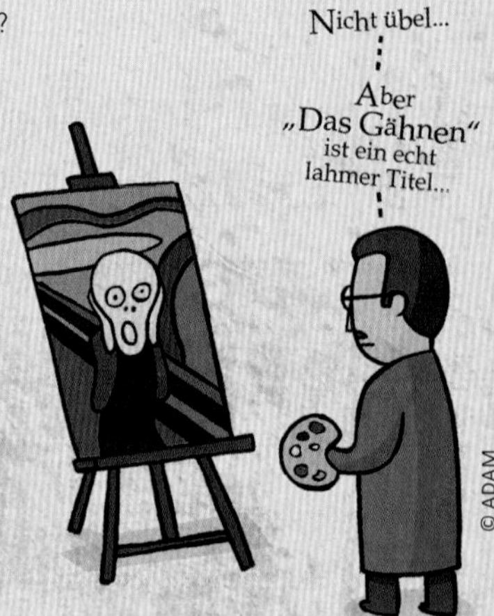

Nicht übel...
Aber „Das Gähnen“ ist ein echt lahmer Titel...
© ADAM

ALSO ICH FIND'S PRIMITIV
Cartoons über KUNST
Holzbaum